Esta serie de estudios sobre el matrimonio tiene un completo
Enfoque a la Familia -confiable, con un sólido fundamento bíblico
y dedicado a restablecer los valores familiares en la sociedad actual.
Sin duda esta serie ayudará a una multitud de parejas a fortalecer
su relación, no solo del uno con el otro, sino también con Dios,
el *creado*r mismo del matrimonio.

Bruce Wilkinson

Autor de *La oración de Jabes, Secretos de la viña,*
y *Una vida recompensada por Dios*

En esta era de tanta necesidad, el equipo del Dr. Dobson ha producido
materiales sólidos y prácticos respecto al matrimonio cristiano.
Toda pareja casada o comprometida sacará provecho de este estudio
de los fundamentos de la vida en común, aunque ya hayan realizado
otros estudios sobre el tema. Gracias a *Enfoque a la Familia* por ayudarnos
a establecer correctamente esta máxima prioridad.

Charles W. Colson

Presidente de *Prison Fellowship Ministries*

En mis 31 años como pastor he oficiado cientos de bodas.
Infortunadamente, muchas de esas uniones fracasaron. Cuánto hubiera
apreciado poder contar con esta *Serie sobre el matrimonio* de *Enfoque a la
Familia* en aquellos años. ¡Qué maravillosa herramienta tenemos a
nuestra disposición, como pastores y líderes cristianos! Los animo
a utilizarla para ayudar a quienes están bajo su cuidado a edificar
matrimonios prósperos y saludables.

H. B. London, Jr.

Vicepresidente, Ministerio de Extensión / Ministerios Pastorales

Enfoque a la Familia

¿Está buscando una receta para mejorar su matrimonio?
¡Disfrutará esta serie práctica y oportuna sobre el tema!

Dr. Kevin Leman

Autor de *El sexo y la comunicación en el matrimonio*

La *Serie sobre el matrimonio* de *Enfoque a la Familia* tiene éxito porque no centra su atención en cómo establecer o fortalecer un matrimonio, sino en *quién* puede hacerlo. A través de este estudio usted aprenderá que un matrimonio bendecido será la feliz consecuencia de una relación más íntima con el *creador* del matrimonio.

Lisa Whelchel

Autora de *Creative Correction* y
The Facts of Life and Other Lessons My Father Taught Me

En una época en la que el pacto del matrimonio se deja rápidamente de lado en nombre de la incompatibilidad y de las diferencias irreconciliables, se necesitaba con urgencia un estudio bíblico que fuera a la vez práctico e inspirador. La *Serie sobre el matrimonio* de *Enfoque a la Familia* es justamente lo que las parejas están buscando. Recomiendo decididamente esta serie de estudios bíblicos, que tiene el potencial para impactar profundamente los matrimonios hoy y mejorarlos. El matrimonio no consiste tanto en encontrar el compañero correcto como en ser el compañero correcto. Estos estudios contienen maravillosas enseñanzas bíblicas para ayudar a quienes desean aprenderlo, el hermoso arte de llegar a ser el cónyuge que Dios había previsto para su matrimonio.

Lysa TerKeurst

Presidente, Proverbs 31 Ministries
Autora de *Capture His Heart* y *Capture Her Heart*

El modelo
para el matrimonio

El modelo para el matrimonio
Serie sobre el matrimonio de Enfoque a la Familia®
Publicado por Casa Creación
Una compañía de Strang Communications
600 Rinehart Road
Lake Mary, Florida 32746
www.casacreacion.com

A menos que se indique lo contrario, todos los textos bíblicos han sido tomados de la *Santa Biblia, Nueva Versión Internacional* (NVI), © 1999 por la Sociedad Bíblica Internacional. Usado con permiso.

Traducido por:
Carolina Laura Graciosi

Editado por:
María del C. Fabbrí Rojas

Diseño interior por:
Grupo Nivel Uno, Inc.

Library of Congress Control Number: 2004107874

ISBN: 1-59185-437-7

Impreso en los Estados Unidos de América

04 05 06 07 ❖ 8 7 6 5 4 3 2 1

Tabla de contenido

Prólogo

El campo misionero más urgente aquí en la tierra no se encuentra del otro lado del mar, ni siquiera al cruzar la calle; se encuentra exactamente donde usted vive: en su hogar y su familia. La última instrucción de Jesús fue: "Vayan y hagan discípulos de todas las naciones" (Mateo 28:19). Al considerar este mandato, nuestros ojos miran al otro extremo del mundo buscando nuestro campo de labor. Eso no está mal; pero no es *todo*. Dios se propuso que fuera el hogar el primer lugar de discipulado y crecimiento cristiano (vea Deuteronomio 6:4-8). Los miembros de nuestra familia deben ser los *primeros* a quienes alcancemos, mediante la palabra y el ejemplo, con el Evangelio del Señor Jesucristo, y el modo fundamental de lograrlo es por medio de la relación matrimonial.

El divorcio, las familias disfuncionales, el rompimiento de la comunicación y las complejidades de la vida diaria están teniendo consecuencias devastadoras en el matrimonio y la familia, instituciones ordenadas por Dios. No necesitamos ir muy lejos para darnos cuenta de que aun las familias y matrimonios cristianos se encuentran en situación crítica. Esta serie fue desarrollada en respuesta a la necesidad de edificar familias y matrimonios centrados en Cristo.

Enfoque a la Familia es un ministerio reconocido y respetado en todo el mundo por su incansable dedicación a preservar la santidad de la vida matrimonial y familiar. No puedo pensar en otra asociación mejor que la formada por Enfoque a la Familia y Casa Creación para la producción de la *Serie sobre el matrimonio* de *Enfoque a la Familia*. Esta serie está bien escrita, es bíblicamente sólida y adecuada a su objetivo de guiar a las parejas a explorar los fundamentos que Dios estableció para el matrimonio, a fin de que lo vean a Él como el modelo de un cónyuge perfecto. A lo largo de estos estudios se plantarán semillas que irán germinando en sus corazones y en sus mentes en los años por venir.

En nuestra cultura, tan práctica y realista, muchas veces queremos pasar por alto el *porqué* para ir directamente al *qué*. Pensamos que si *seguimos* los seis pasos o *aprendemos* las cinco maneras, alcanzaremos el objetivo. Pero el crecimiento con raíces profundas es más lento, con un propósito determinado, y se inicia con una comprensión bien fundada del designio divino. Saber por qué existe el matrimonio es crucial para lograr soluciones más efectivas. El matrimonio es un don de Dios, una relación de pacto única y distinta, por medio de la cual su gloria y su bondad se manifiestan; y sólo conociendo al arquitecto y su plan, podemos edificar nuestro matrimonio sobre el cimiento más seguro.

Dios creó el matrimonio; le asignó un propósito específico, y se ha comprometido a llenar con fresca vida y renovada fortaleza cada unión rendida a Él. Dios quiere unir los corazones de cada pareja, consolidarlos en amor, y conducirlos hasta la línea de llegada –todo por su gran misericordia y bondad.

Que Dios, en su gracia, los guíe a su verdad, fortaleciendo sus vidas y su matrimonio.

Gary T. Smalley
Fundador y Presidente del Directorio
Smalley Relationship Center

Introducción

*Pero al principio de la creación Dios "los hizo hombre y mujer". Por eso dejará el
hombre a su padre y a su madre, y se unirá a su esposa, y los dos llegarán a ser
un solo cuerpo. Así que ya no son dos, sino uno solo.*
Marcos 10:6-88

El modelo para el matrimonio puede utilizarse en diversas situaciones, tales como
estudio bíblico en grupos pequeños, clases de Escuela Dominical, o sesiones de
consejería o tutoría. Incluso una pareja individual puede utilizar este libro en
su propio hogar, como un estudio para edificación de su matrimonio.

Cada una de las cuatro sesiones consta de cuatro componentes principales.

Estructura general de la sesión

Labrar la tierra
Es una introducción al tema central de discusión; consiste en un comentario
seguido de preguntas, para enfocar los pensamientos en la idea principal de
la sesión.

Plantar la semilla
En este momento del estudio bíblico leerán una porción de las Escrituras y
contestarán preguntas que los ayudarán a descubrir verdades inmutables de
la Palabra de Dios.

Regar la esperanza
Es un tiempo para el debate y la oración. Sea que estén estudiando en casa
como pareja, en un grupo pequeño o en una clase, hablar con su cónyuge
acerca del tema de la lección es una forma maravillosa de afianzar esa verdad
y plantarla profundamente en sus corazones.

Cosechar el fruto
Pasando a la acción, esta parte de la sesión ofrece sugerencias para poner en
práctica la verdad de la Palabra en su relación matrimonial.

Sugerencias para el estudio en pareja

Hay por lo menos tres opciones para utilizar este estudio en pareja.

- Pueden usarlo como estudio devocional. Cada cónyuge estudia el material individualmente durante la semana; luego, en un día determinado, ambos se reúnen para debatir lo que han aprendido y la forma de aplicarlo a su relación.
- Pueden elegir estudiar una sesión juntos durante una tarde, y luego desarrollar las actividades de aplicación durante el resto de la semana.
- Por ser un estudio breve, también es un espléndido recurso para un retiro de fin de semana. Pueden hacer un viaje de fin de semana y estudiar juntos cada sesión, intercalándola con sus actividades de esparcimiento favoritas.

Sugerencias para el estudio en grupo

Existen varias maneras de utilizar este estudio en grupos. La forma más común es hacerlo en grupos pequeños de estructura similar a un grupo de estudio bíblico. No obstante, puede utilizarse además en clases de Escuela Dominical para adultos. Cualquiera sea la modalidad elegida, hay algunas pautas generales que deben seguirse para el estudio en grupo.

- Mantengan el grupo pequeño (entre cinco y seis parejas como máximo).
- Pidan a las parejas que se comprometan a asistir regularmente durante las cuatro semanas de estudio. Esta regularidad en la asistencia es clave para la construcción de relaciones y el desarrollo de la confianza dentro de un grupo.
- Anime a los participantes a *no* compartir detalles de índole personal o que puedan avergonzar a su cónyuge, sin haberle pedido previamente su autorización.
- Todo lo que se trate en las reuniones grupales tiene carácter confidencial, y debe ser mantenido en la más absoluta reserva, sin trascender más allá de los miembros del grupo.

Hay ayudas adicionales para líderes en la parte final de este libro y en la *Guía para el ministerio de matrimonios de Enfoque a la Familia*.

Sugerencias para mentores

Este estudio también puede ser usado en situaciones donde una pareja se convierte en mentora o consejera de otra.

- Una iglesia o ministerio puede establecer un sistema por medio del cual a una pareja que lleva varios años de casada se le encomienda reunirse de modo regular con una pareja joven.
- Una manera menos formal de iniciar una relación de tutoría consiste en que una pareja joven tome la iniciativa y se acerque a un matrimonio que sea ejemplo de madurez y santidad, y solicite reunirse regularmente con ellos. O a la inversa, puede ser que una pareja madura se aproxime a una pareja más joven con el fin de iniciar una relación como mentores de ella.
- Algunos pueden sentir temor cuando se les pide que sean mentores de otros, creyendo que jamás podrán hacerlo porque su propio matrimonio está lejos de ser perfecto. Pero así como discipulamos a los nuevos creyentes, debemos aprender a discipular a las parejas casadas, para fortalecer sus matrimonios en este mundo tan difícil. El Señor ha prometido "estaré con ustedes siempre" (Mateo 28:20).
- Antes de comenzar a ser mentores de otros, completen ustedes mismos el estudio. Esto les servirá para fortalecer su propio matrimonio, y los preparará para poder guiar a otra pareja.
- Estén dispuestos a aprender tanto o más que la(s) pareja(s) de quien(es) serán mentores.

Hay ayudas adicionales sobre cómo ser mentores de otra pareja en la *Guía para el ministerio de matrimonios de Enfoque a la Familia.*

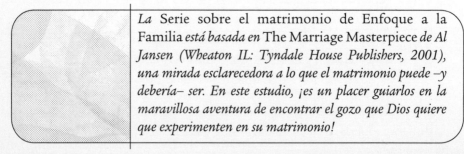

La Serie sobre el matrimonio de Enfoque a la Familia *está basada en* The Marriage Masterpiece *de Al Jansen (Wheaton IL: Tyndale House Publishers, 2001), una mirada esclarecedora a lo que el matrimonio puede –y debería– ser. En este estudio, ¡es un placer guiarlos en la maravillosa aventura de encontrar el gozo que Dios quiere que experimenten en su matrimonio!*

Los héroes *toman las decisiones* correctas

*Por eso Dios lo exaltó hasta lo sumo y le otorgó el nombre que está sobre todo
nombre, para que ante el nombre de Jesús se doble toda rodilla en el cielo
y en la tierra y debajo de la tierra, y toda lengua confiese que
Jesucristo es el Señor, para la gloria de Dios Padre.*
Filipenses 2:9-11

Cuando pensamos en héroes, tendemos a pensar en aquellos que hacen sacrificios extraordinarios por el bien de otros. Se apresuran a salvar a los oprimidos o a los que están en peligro sin pensar en su propia vida o seguridad.

En su libro *The Marriage Masterpiece* (La obra maestra del matrimonio), Al Janssen explica que una mujer ansía "ver a su hombre correr presuroso y salvarla del peligro" mientras que los hombres desean tener a una mujer fuerte que los haga verse bien, no débiles.[1] Todo matrimonio necesita un héroe, un cónyuge que esté dispuesto a sacrificar su felicidad temporal por el bien de su relación.

A los niños les encanta jugar a que son los superhéroes que ven por televisión, rescatando a otros de la destrucción inminente. Mientras que los niños sueñan con salvar al mundo de un vil enemigo, las niñas suelen soñar con un caballero de brillante armadura que cabalga en un caballo blanco y viene a rescatarlas del peligro; luego se enamoran, se casan y viven felices para siempre.

1. ¿Quién era el héroe de su niñez, ya fuera real o ficticio?

   ¿Por qué era un héroe para usted?

2. ¿Quién es un héroe en el matrimonio para usted hoy día?

   ¿Qué hace de esa persona un héroe?

3. ¿Con qué términos definiría usted a un héroe?

$\mathcal{Plantar}$ la semilla

En nuestra cultura equiparamos el casarse con el vivir felices para siempre. Infortunadamente, existen demasiadas parejas que se desvían hacia el tribunal de divorcio en lugar de convertirse en héroes y luchar por su matrimonio. De acuerdo con un análisis realizado por la *National Survery of Families and Households* (Encuesta Nacional de Familias y Hogares), "el 86 por ciento de los matrimonios infelices que logran superar la situación descubren que, cinco años más tarde, sus matrimonios son más felices."[2]

¿Qué es un héroe piadoso?

Cada uno de nosotros tiene cada día oportunidades para elegir hacer lo correcto o lo incorrecto; para eso, en el contexto del matrimonio, Dios llama a cada pareja casada a buscar la justicia, o a morir al yo, en lugar de incurrir en el pecado o el egocentrismo. Un héroe piadoso es alguien que busca por encima de todo hacer la voluntad de Dios en cuanto dice y hace: "Puesto que en él vivimos, nos movemos y existimos" (Hechos 17:28).

4. ¿Qué le dijo Dios a Adán en Génesis 2:16-17?

5. ¿Qué sucedió después de que Dios le dio ese mandamiento a Adán, como se describe en el resto de Génesis 2?

De acuerdo con estos versículos de Génesis, Eva fue creada después de que Adán hubo recibido el mandato: "Pero del árbol del conocimiento del bien y del mal no deberás comer" (v. 17).

6. A medida que lee Génesis 3:1-3, observe las similitudes y las diferencias entre lo que Eva le dijo a la serpiente y lo que Dios le había dicho a Adán en 2:16-17.

¿Cree usted que Adán le informó a Eva del mandamiento tocante al árbol del conocimiento del bien y del mal? Explique su respuesta.

7. De acuerdo con Génesis 3:6, ¿dónde estaba Adán cuando Eva comió del fruto prohibido?

¿Cómo podría Adán haber sido el héroe en esta situación?

Adán mostró pasividad y hasta cobardía en el Jardín del Edén al no confrontar a Eva y evitar que eligiera la opción equivocada. Además, su falta de acción se vio agravada cuando se *unió* a ella para desobedecer a Dios, quien había encomendado el mundo a su cuidado, y también compartir con su esposa el conocimiento que Dios le había dado, incluyendo este mandamiento. Pero cuando llegó el momento de la verdad, Adán actuó como si jamás hubiera oído ese mandato.

8. ¿Por qué le resulta difícil a uno de los cónyuges hacer responsable al otro de sus decisiones inadecuadas?

Cada uno debemos tomar decisiones personales que afectarán nuestra relación con Dios, pero con frecuencia, cuando tomamos decisiones incorrectas, los resultados tienen un efecto dañino en nuestras relaciones humanas y especialmente en nuestro matrimonio.

¿A dónde podemos ir para encontrar un modelo de héroe piadoso? ¡A la Biblia, por supuesto!

9. Nombre al menos tres héroes bíblicos y explique por qué lo son.

10. ¿Cuáles son algunas de las características comunes de esos héroes?

Nuestro héroe máximo es Jesucristo, quien lo dio todo por su Esposa.

11. ¿De qué manera fueron heroicas las acciones de Jesús en Mateo 26:36-46 en comparación con las acciones de Adán y Eva en Génesis 3:1-3?

La agonía de Jesús descrita en Mateo 26 demuestra la profundidad del amor que Él siente por su Esposa, la Iglesia. Él, que no tenía pecado, murió en nuestro lugar por nuestras iniquidades para que pudiéramos vivir con Él por la eternidad.

¿Cómo puede usted ser un héroe?

Jesús es nuestro modelo del rol de cónyuge heroico.

12. ¿Cómo se aplica Filipenses 2:3-5 a la relación matrimonial?

13. De acuerdo con Filipenses 2:6-8, ¿a qué renunció Cristo por nosotros?

14. ¿Cuáles son algunas formas prácticas de mostrar humildad y una actitud semejante a la de Cristo en un matrimonio?

Los puntos clave que usted debe recordar cuando enfrenta la decisión de ser o no un héroe incluyen:

- **Valor:** ¿Va hacer lo correcto y lo que sea necesario a largo plazo para el bien de su matrimonio?
- **Fortaleza**: ¿Va a resistir la tentación y perseguir la rectitud?
- **Nobleza:** ¿Va a mantener su honor y carácter moral, incluso si su cónyuge no lo hace?

Tenga en cuenta el significado de estos puntos clave y cómo se relacionan con sus propias actitudes y decisiones en su matrimonio.

"Todo lo puedo en Cristo que me fortalece" (Filipenses 4:13). Con esta promesa bien guardada en nuestra mente y nuestro corazón, podemos responder al llamado que Dios nos hace a servir como héroes, tomando las decisiones correctas, aun cuando no resulten ser las más sencillas.

Regar la esperanza

El heroísmo se demuestra diariamente en una relación, cuando al decidir elegimos lo que más beneficie a nuestro cónyuge, consolidando un respeto que le muestra a él o ella que puede contar con el compromiso que tenemos con nuestra la relación. El heroísmo también se demuestra al mantenerse unidos en momentos particularmente adversos, como es el caso de David y Susana.

David y Susana tenían la clase de matrimonio que todas las demás parejas aspiran tener. Ambos estaban activamente involucrados en la iglesia y dedicados a sus hijos, y parecían disfrutar de su mutua compañía. Lo que aparentaba ser el matrimonio perfecto, en realidad estaba al borde de la destrucción.

Después del nacimiento de su tercer hijo, Susana se puso insoportable. En un momento estaba serena y feliz, al siguiente estaba gritando y arrojando cosas. A veces, cuando David llegaba del trabajo a casa se encontraba con que los niños lloraban, la casa se hallaba en total desorden y Susana no estaba preparando la cena.

La frustración que David sentía por esta situación se convirtió en enojo, lo que, a su vez, resultó en crecientes peleas entre ambos. La visión que David tenía de un matrimonio feliz se ahogó momentáneamente en sentimientos de apatía. Con frecuencia pensaba: *¿Qué sentido tiene esto? Me esforcé cuanto pude en hacer mi parte. Quizá debería llevarme a los niños y dejar a Susana antes de que nos destruyamos mutuamente.* Pero se dio cuenta de que amaba a Susana y que ella tenía algún problema terrible. Trató de convencerla de ver a un consejero o a un doctor, pero sólo lograba que se enfadara más, recluyéndose en su habitación cuando le mencionaba el asunto. David también trataba de hacer lo más posible en la casa para aliviarle la carga, pero a Susana parecía resentirla que él hiciera lo que le correspondía a ella.

Finalmente, después de atravesar un fin de semana particularmente difícil, David le contó este problema a su mejor amigo, Rafael, quien le aconsejó que buscara un consejero para él mismo, aunque Susana no lo acompañara. Durante estas sesiones de consejería, David se enteró de que su esposa posiblemente estuviera sufriendo una severa depresión postparto. Después de mucha oración y tierno aliento, Susana aceptó someterse a un examen médico exhaustivo que reveló que su depresión era causada por un desequilibrio hormonal. Después de unos meses de consejería y terapia antidepresiva, Susana volvió a la normalidad y su relación matrimonial volvió a ser floreciente.[3]

15. ¿De qué manera demostró David una actitud como la de Cristo?

16. ¿Qué podría haber sucedido si David no hubiera tomado la iniciativa de buscar consejo?

17. ¿Cuáles podrían ser otros ejemplos de cómo un cónyuge puede tomar decisiones heroicas por amor a su esposo o esposa?

Todo atleta sabe que no puede ser el héroe o la heroína a menos que realmente esté participando en el juego. Para ser el héroe de su matrimonio, usted debe permanecer en el juego, recordándose a sí mismo que se requiere un duro esfuerzo, mucha práctica y sacrificio para poder ganar. Sí, ¡cada decisión nos sirve de práctica para la siguiente! También contamos con la fuerza y la sabiduría de Dios para sostenernos a cada paso.

18. ¿Cuáles son algunas razones por las que usted podría continuar jugando en un partido en el que su equipo está perdiendo?

¿Cómo podrían esas razones para permanecer en el juego, ser aplicadas a un matrimonio en el cual las cosas no están yendo bien?

No es necesario que usted realice cada día un sacrificio de por vida, pero cada vez que toma una decisión que fomenta el bien de su cónyuge, usted actúa como un héroe de su matrimonio. Es esta clase de heroísmo lo que ayuda a construir y mantener una relación conyugal durable, que honra el plan de Dios para el matrimonio.

Cosechar el fruto

¿Debería decirle que realmente no me interesa su estúpido auto o los detalles sobre cómo "lo sacó de un montón de basura y lo convirtió en una obra maestra"?

¡Otra vez está llorando! Si no deja de hacerlo, ¡me voy de aquí!

Es inevitable que pensamientos como estos vengan a nuestra mente como parte de las realidades de vivir una relación íntima con otra persona. Cuando sucede, tenemos la opción de verbalizar nuestros pensamientos en voz alta o de someterlos a Dios, pidiéndole que nos ayude a mostrar un amor compasivo hacia nuestro cónyuge y a poner sus necesidades por encima de las nuestras (vea Filipenses 2:3-5). Para comenzar el proceso de detener los pensamientos negativos antes de causar algún daño, decida llevar un registro de ellos durante un día; y cuando alguno venga a su mente, tome la determinación de entregarlo a Dios, pidiéndole que le ayude a "llevar cautivo todo pensamiento para que se someta a Cristo" (2 Corintios 10:5). Memorizar éste y otros versículos puede ayudar a remplazar los pensamientos negativos por los pensamientos de Cristo.

19. ¿De qué forma su cónyuge ha sido un modelo heroico en su matrimonio?

20. ¿Cómo puede usted mostrar en su matrimonio las cualidades de un héroe–humildad, compasión, valor, fortaleza, nobleza, actitudes propias de Cristo, etc.?

Escriba al menos una acción práctica que llevará a cabo durante la próxima semana para ser un héroe del matrimonio para su cónyuge. Pídale a una persona amiga que lo haga responsable por esta acción.

¿Existen acciones o actitudes por las que necesite pedir perdón a su cónyuge? En una hoja aparte, escriba una carta pidiéndole perdón en áreas específicas en las que usted sabe que le ha herido. Después de que hayan compartido sus cartas, oren juntos pidiendo que Cristo sane su relación y que les dé su fuerza para tomar las decisiones correctas en su matrimonio.

Notas
1. Al Janssen, *The Marriage Masterpiece* (La obra maestra del matrimonio) (Wheaton, IL: Tyndale House Publishers, 2001), pág. 44.
2. Linda J. Waite y Maggie Gallagher, *The Case For Marriage* (El caso a favor del matrimonio) (New York, Doubleday, 2000), pág. 148.
3. Esta es una compilación de varias historias. Toda semejanza con una situación real es pura coincidencia.

El misterio de
la sumisión

Quien, siendo por naturaleza Dios, no consideró el ser igual a Dios como algo a qué
aferrarse. Por el contrario, se rebajó voluntariamente, tomando la naturaleza de
siervo y haciéndose semejante a los seres humanos. Y al manifestarse como hombre,
se humilló a sí mismo, y se hizo obediente hasta la muerte, ¡y muerte de cruz!

Filipenses 2:6-8

¿Qué viene a su mente cuando piensa en la palabra "sumisión"? Tal vez se
estremezca y de inmediato acuda a su mente la imagen de un felpudo. Sin
embargo, "felpudo" y "sumisión" tiene significados claramente diferentes.
Una persona que actúa como felpudo es "alguien que se somete sin protesta
a abusos e indignidades".[1] Pero actuar sumisamente es "Subordinar el juicio,
decisión o afecto propios a los de otra persona".[2] Un felpudo elige permitir
que lo pisoteen, mientras que la sumisión es un acto de la voluntad de rendir-
se a la autoridad de otra persona.

"Sumisión" no significa que uno deba soportar una relación donde haya
falta de amor y de respeto (como haría un felpudo). En lugar de eso, en la
Biblia se usa el término "sumisión" para describir un aspecto de nuestra relación con otros creyentes; se nos dice: "Sométanse unos a otros, por reverencia
a Cristo" (Efesios 5:21). También describe uno de los aspectos más importantes de nuestra relación con Dios (vea Santiago 4:7) y un aspecto de la sabiduría divina (vea Santiago 3:17). Asimismo se nos manda someternos a aquellos
que tienen autoridad sobre nosotros (vea Romanos 13:1-5). Jesucristo nos
pide que reflejemos su corazón sirviendo voluntariamente a otros, aunque no
lo merezcan, y esto debería aplicarse especialmente a la forma en la que el
esposo y la esposa se tratan mutuamente.

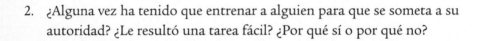

Someterse a otra persona es probablemente una de las cosas más difíciles que los seres humanos podamos aprender a hacer. Y resulta especialmente penoso cuando la persona a la que debemos someternos es un tirano.

1. ¿Ha tenido que estar bajo la autoridad de un jefe o un maestro de carácter difícil?

2. ¿Alguna vez ha tenido que entrenar a alguien para que se someta a su autoridad? ¿Le resultó una tarea fácil? ¿Por qué sí o por qué no?

    ¿Qué aprendió de esa experiencia?

3. ¿Por qué razón cree que resulta difícil someterse a la autoridad de otro?

Dios ha establecido parámetros de sumisión para cada relación. Y también nos suministró un modelo de sumisión por medio de Jesucristo, que dijo: "Porque he bajado del cielo no para hacer mi voluntad sino la del que me envió" (Juan 6:38).

Cuántas veces ha escuchado a alguien decir: "¡No es justo!" y luego a otro que le responde: "¿Y quién dijo que la vida debe ser justa?" ¡Probablemente demasiados como para contarlos! Pero cuando uno se detiene a pensarlo, si la vida fuera realmente justa, ¡*ninguno* de nosotros llegaría jamás al cielo!

Jesús renunció a su poder y su conocimiento en los cielos para venir a este mundo bajo forma humana (vea Filipenses 2:6-8 y Hebreos 2:9-11). Al hacerlo, se sometió a la voluntad de Dios el Padre.

El libro de Efesios tiene mucho que enseñarnos acerca de cómo vivir la vida cristiana, y da instrucciones muy específicas a esposos y esposas.

4. De acuerdo con Efesios 5:21, ¿a quién debemos someternos?

¿Cómo muestra reverencia a Cristo el hecho de someterse a los otros?

En un matrimonio la sumisión mutua no sólo preserva el orden y la armonía en la relación, sino que también aumenta el amor y el respeto entre ambos cónyuges. Ya sea usted el esposo o la esposa, conocer sus deberes conyugales es esencial para gozar de un matrimonio saludable. Cuando ambos se someten a sus roles definidos por Dios, cada uno terminará sirviendo al otro y ambos encontrarán el verdadero contentamiento.

La vida en sumisión

"Esposas, sométanse a sus propios esposos como al Señor. Porque el esposo es cabeza de su esposa, así como Cristo es cabeza y salvador de la iglesia, la cual es su cuerpo. Así como la iglesia se somete a Cristo, también las esposas deben someterse a sus esposos en todo" (Efesios 5:22-24).

Sumisión

Quizá no exista en la Biblia otra enseñanza que haya causado más inquina entre los sexos que estos versículos. El movimiento de la liberación femenina protesta a los gritos ante el sólo pensamiento de sumisión a un marido. Pero examinemos el concepto de sumisión.

5. ¿Qué cree que significa la sumisión en el contexto de estos versículos de Efesios?

6. ¿Cómo puede una esposa ser sumisa sin permitir que su marido la use como un felpudo?

7. ¿De qué manera dejar que el esposo sea el líder sirve para fortalecer el matrimonio?

8. ¿A qué se debe renunciar para facultar a algún otro?

9. ¿Cuál es la responsabilidad del esposo que haría más fácil la sumisión para la esposa?

10. ¿Cuál puede ser el beneficio de la sumisión de una esposa a su marido tal como se describe en 1 Pedro 3:1-2?

La sumisión es una respuesta que faculta al marido para ser el líder que Dios le ha ordenado que sea. Dentro del contexto de la obediencia de Cristo a Dios, la sumisión no será algo penoso; y recuerde, Dios le dará la fuerza para que su voluntad se cumpla en su vida (vea Filipenses 4:13).

Respeto

"La esposa respete a su marido" (Efesios 5:33).

11. ¿En qué consiste la diferencia entre mostrar respeto y ser sumiso?

12. ¿Por qué supone que el apóstol Pablo agregó esta exhortación para las esposas?

Una mujer sumisa en los términos bíblicos actúa así por respeto hacia su marido y el rol que él ha asumido bajo la dirección de Dios.

Ayuda

El Señor Dios dijo: "No es bueno que el hombre esté solo. Voy a hacerle una ayuda adecuada" (Génesis 2:18). Cuando Dios creo a Eva, no la creó como una esclava para Adán. Tampoco la creó "del polvo de la tierra" (Génesis 2:7) como lo hizo con Adán. En lugar de eso, Dios tomó una parte de Adán y formó a Eva (vea vv. 21-22). Ella literalmente era "hueso de mis huesos y carne de mi carne" para Adán (Génesis 2:23), alguien igual a él, y Dios se la había dado para que tuviera una compañera en la tierra.

13. ¿Qué viene a su mente cuando piensa en la palabra "ayuda"?

¿Por qué cree que Dios utilizó la palabra "ayuda" para describir el rol de Eva?

14. ¿En qué formas demuestra una esposa ser la compañera de su marido?

15. De acuerdo con Tito 2:4-5, ¿cuáles son las cinco responsabilidades que Pablo instó a que las ancianas les enseñaran a las mujeres jóvenes en cuanto al matrimonio y la familia?

¿Por qué razón son importantes estos atributos para edificar el matrimonio y tener una familia?

A la esposa se la insta a ser sumisa, a mostrar respeto y ser una ayuda para su esposo. Ahora examinemos el rol del marido.

El líder espiritual

"Esposas, sométanse a sus propios esposos como al Señor. Porque el esposo es cabeza de su esposa, así como Cristo es cabeza y salvador de la iglesia" (Efesios 5:22-23). Esto puede sonar como una carta blanca para que el hombre trate a su esposa despóticamente, pero este rol va acompañado de una tremenda responsabilidad. Un esposo debe proteger a su esposa, cuidarla y aun dar su vida por ella, así como lo hizo Jesús. Entonces, ¿qué significan estas instrucciones para los maridos?

Sacrificio

"Esposos, amen a sus esposas, así como Cristo amó a la iglesia y se entregó por ella" (Efesios 5:25). Así como Jesús, el esposo debe dar la vida por su esposa. En la práctica, esto significa hacer a un lado sus deseos egoístas para satisfacer los deseos de su esposa.

Otra manera en que un esposo puede mostrar sacrificio es adoptando una actitud de humildad, y aceptando el hecho de que sus propias debilidades se complementan con los puntos fuertes de su esposa. Por ejemplo, supongamos que el esposo es muy hábil para arreglar cosas, pero no sabe manejar el presupuesto familiar; la esposa, sin embargo, sabe estirar un dólar como nadie. Entonces, el esposo será muy sabio si cede humildemente a su esposa la responsabilidad de manejar las finanzas familiares. Para algunos hombres eso resultaría algo horrendo, porque creerían que están perdiendo el control de su vida.

16. Lea Efesios 5:28. ¿Qué significa que un esposo ame a su esposa como se ama a sí mismo?

¿Por qué resulta difícil amar a alguien si primero no se ama uno mismo?

17. ¿En qué área es su cónyuge más capaz que usted en cuanto a sus habilidades? ¿De qué manera podría confirmarlo(a) en sus puntos fuertes?

Protección

"Pues nadie ha odiado jamás a su propio cuerpo; al contrario, lo alimenta y lo cuida, así como Cristo hace con la iglesia" (Efesios 5:29). A los esposos se les dice que deben amar y cuidar a sus esposas en la misma medida en que Cristo amó a la Iglesia. *Eso* sí va a ser complicado; sin embargo, es más sencillo cuando el esposo tiene una relación íntima con Dios y con su Palabra.

18. ¿Cuáles son algunas de las cosas que pueden levantar un cerco de protección alrededor de su matrimonio?

19. Lea Efesios 6:10-18. ¿De qué modos podría el esposo aplicar cada pieza de la armadura para proteger a su esposa y a su familia?

Cinturón de la verdad

Coraza de justicia

Calzado del evangelio de la paz

Escudo de la fe

Casco de la salvación

Espada del Espíritu

Dios conoce todos los posibles peligros y trampas de la vida que pueden estorbar su andar diario, por lo que insta a los esposos a que alimenten y cuiden a sus esposas, construyendo un cerco protector entre el desorden y la confusión del mundo y su matrimonio centrado en Cristo. Ese muro puede incluir capacidad para resolver conflictos, planeamiento financiero y estudios bíblicos (¡como éste!); todo cuanto sirva para fortalecer el vínculo con su cónyuge y con Dios constituye un refuerzo de esa muralla protectora.

Santidad

También se le advierte al esposo que debe "hacerla santa. Él la purificó, lavándola con agua mediante su palabra, para presentársela a sí mismo como una iglesia radiante, sin mancha ni arruga ni ninguna otra imperfección, sino santa e intachable" (Efesios 5:26-27). Probablemente éste sea el rol más importante y difícil que el esposo deba desempeñar: se le ordena ser el líder espiritual de la familia.

20. La más importante de las relaciones de su vida no debería ser más importante que su relación con Dios. ¿Quién o qué está primero en su vida?

21. ¿Cómo puede un esposo aplicar las instrucciones de Efesios 5:25-33?

Dios diseñó el matrimonio para que sea una relación de igualdad en la que cada cónyuge toma una serie diferente de responsabilidades. Mientras que el esposo es llamado a hacer a un lado sus propios intereses para cuidar de su esposa, ella es llamada a seguir voluntariamente el liderazgo de su esposo. Cuando cada uno asume el rol asignado por Dios para el matrimonio, ambos serán edificados y gratificados en la relación, de acuerdo con el designio divino.

 Regar la esperanza

No hay nada de lo que se nos pide que hagamos que Jesús no haya hecho ya por su Esposa, la Iglesia. Así como la esposa debe someterse a su esposo, Jesús se humilló a Sí mismo a la voluntad de Dios el Padre. Y un esposo debe amar sacrificadamente, tal como lo hizo Jesús al morir en la cruz para darnos esperanza y vida eterna.

Tenga por seguro que Dios no lo dejará sin los recursos necesarios para cumplir su voluntad respecto a sus deberes como esposo o esposa o, si vamos al caso, como un creyente que vive en obediencia a Dios. "Si a alguno de ustedes le falta sabiduría, pídasela a Dios, y Él se la dará, pues Dios da a todos generosamente sin menospreciar a nadie" (Santiago 1:5). También lo ayudará cuando se vea tentado a pecar (vea 1 Corintios 10:13).

22. ¿Cómo le ha provisto Dios lo que necesitaba para cumplir lo que Él le dijo que hiciera?

¿Qué necesita recibir ahora mismo de Dios para ayudarlo a obedecer sus mandamientos en su matrimonio?

23. Como resultado del sometimiento de Jesús a la voluntad de Dios, Filipenses 2:9 nos dice que "Dios lo exaltó hasta lo sumo y le otorgó el nombre que está sobre todo nombra". ¿Cuál podría ser su recompensa si muestra constantemente su amor, sometiéndose a la voluntad de Dios y sirviendo a su cónyuge?

24. Con frecuencia, la sumisión y el servicio son vistos como características de alguien inferior a los demás. ¿Cuáles son las características de alguien que se somete a la voluntad de Dios y sirve desinteresadamente a los demás?

¿Quién constituye para usted un ejemplo de alguien que vive los mandamientos de Efesios 5:21-33 en su vida o matrimonio? ¿Cómo ha impactado esa persona en usted y su matrimonio?

Nuestra actitud es la que determina cómo nos relacionamos con los demás en todos los aspectos de nuestra vida. ¿Somos amables o criticones? ¿Amamos u odiamos? ¿Vivimos enojados o contentos? ¿Somos rápidos para juzgar o concedemos el beneficio de la duda?

Cosechar el fruto

Jesús les dio estas últimas instrucciones a sus discípulos: "Si ustedes me aman, obedecerán mis mandamientos. Y yo le pediré al Padre, y él les dará otro Consolador para que los acompañe siempre: el Espíritu de verdad" (Juan 14:15-17). Si usted hace caso de su Palabra en su matrimonio, amando y obedeciendo a Dios, usted y su cónyuge jamás deberán luchar contra las dificultades solos, sin la ayuda de su Padre Celestial. ¿Por qué? Porque al someterse a Él, están permitiendo que el Señor lleve a cabo sus designios en su relación. Ustedes vivirán teniendo al Espíritu Santo en sus vidas, y Él los conducirá hacia un matrimonio saludable y satisfactorio.

25. Escriba (en una hoja de papel aparte si es necesario) una reafirmación de su amor y compromiso hacia su cónyuge, agradeciéndole por lo que hace para mostrarle a usted el amor de Dios.

Planee un tiempo romántico para compartir con su cónyuge lo que ha escrito. Oren juntos agradeciéndole a Dios por la manera en que su cónyuge lo bendice, y comprométanse a reafirmarse mutuamente (darse un cumplido) cuando noten que su cónyuge está demostrando un amor como el de Cristo, ¡y háganlo!

26. Esposos: Escriban una forma en la cual podrán demostrar a su esposa, en esta semana, un servicio sacrificial.

Esposas: Escriban una manera de demostrar sumisión a su esposo esta semana.

Comparta su plan con una persona de su mismo sexo, haciéndose responsable ante ella de cumplirlo; y asegúrese de llamarla durante la semana para compartir cómo les está yendo.

Notas:

1. *Merriam-Webster's Collegiate Dictionary*, 10th edition, s.v. "doormat" [felpudo]. Traducción directa del original inglés.
2. *Real Academia Española,* http://buscon.rae.es/diccionario/drae.htm. "someter", acepción 3.

La misión del
autosacrificio

Porque así como por la desobediencia de uno solo muchos fueron constituidos
pecadores, también por la obediencia de uno solo muchos serán constituidos justos.
Romanos 5:19

Quién podría olvidar los rostros de los bomberos fotografiados a medida que ascendían penosamente las escaleras de las torres del World Trade Center, probablemente sabiendo que iban al encuentro de una muerte segura en ese día tan espantoso: 11 de septiembre de 2001. Y quién podría olvidar las voces grabadas de los pasajeros del avión que tomaron la sacrificada decisión de luchar contra los secuestradores, asegurándose sus propias muertes, al desviar el avión a un descampado de Pennsylvania, lugar donde se estrelló, para evitar mayor pérdida de vidas en Washington, D.C. Existen miles de historias similares de personas que estando cara a cara con la muerte dieron su vida por otros, valiente y sacrificadamente, ese 11 de septiembre.

Por otro lado, no necesitamos ver más allá de nuestra televisión para tener una instantánea de los extremos a los que ha llegado el egoísmo de la sociedad: *reality shows*, competencias de talentos y espectáculos de juegos, en los cuales se alienta a las personas a volverse una contra otra para sobrevivir, o a permitir que los animadores les prodiguen insultos para tener una chance de llegar a ser un millonario o una estrella. Y como si fuera necesario algún otro ejemplo, ¡tan sólo intente conducir al límite de velocidad en los caminos de nuestra nación!

Una de las piedras angulares de un matrimonio sano debe ser el autosacrificio, pero nuestra naturaleza humana se resiste al llamado a sacrificar nuestra comodidad y nuestras necesidades personales por el bien de nuestro cónyuge, y de nuestra relación.

El autosacrificio es algo que se percibe tan raramente en la vida diaria, que cuando oímos que alguien se sacrificó por el bien de otros todo el mundo parece estar genuinamente sorprendido y hasta desconcertado. Sin embargo, cada día la mayoría de los padres trabaja sacrificadamente para proveer para sus hijos, y los bomberos y los oficiales de policía ponen sus vidas en peligro para protegernos o para rescatar a personas en peligro: los ejemplos de autosacrificio abundarían si miráramos a nuestro alrededor.

1. ¿Cómo definiría "sacrificio"?

    ¿Cómo definiría "_auto_sacrificio"?

2. Piense en la gente que usted observa habitualmente. Mencione algunos ejemplos de autosacrificio que ve en la vida cotidiana.

3. ¿Quién ha sacrificado sus propios deseos egoístas para ayudarle? Dé ejemplos específicos de lo que hicieron por usted.

El sacrificio de una persona puede hacer la diferencia para todos los involucrados, y la decisión de una persona de actuar egoístamente puede conducirlos al desastre: esto fue lo que sucedió cuando Adán y Eva eligieron comer del árbol prohibido antes que sacrificar su propio deseo de probar el único fruto que Dios les había mandado no comer.

Plantar la semilla

El máximo sacrificio

No existe un sacrificio más grande que cuando una persona da su vida para salvar a otra. Jesús les dijo a sus discípulos: "Nadie tiene amor más grande que el dar la vida por sus amigos" (Juan 15:13).

Morir por otro es algo que pensamos que haríamos por los que amamos, pero ¡quién daría su propia vida por amor a un completo extraño o, menos todavía, a un enemigo! Pero lo que Jesús hizo fue exactamente eso, y no sólo por una persona, sino por todos.

4. Lea y resuma Romanos 3:22-23.

La salvación comienza por entender que hemos pecado y que hemos ido a dar lejos del perfecto plan de Dios para nuestras vidas. Estamos perdidos en nuestra propia rebelión y no podemos salvarnos a nosotros mismos, no importa cuánto nos esforcemos.

5. ¿Qué dice Romanos 5:6-8 acerca del propósito de la muerte sacrificial de Jesús en la cruz?

6. ¿Qué dice Romanos 6:23 en cuanto a la consecuencia del pecado, y qué nos ofrece Dios?

La buena noticia es que Dios envió a su único Hijo, Jesucristo, para concedernos completa redención del pecado. La vida inmaculada de Jesús constituye un modelo para nosotros: "Porque tanto amó Dios al mundo, que dio a su Hijo unigénito, para que todo el que cree en él no se pierda, sino que tenga vida eterna" (Juan 3:16).

7. ¿Qué dice Romanos 10:9-13 respecto de cómo expresar que creemos en Cristo?

Puesto que la salvación es un regalo ofrecido por nuestro bondadoso Dios, nuestra única respuesta debería ser recibirlo con gratitud.

8. ¿Puede decir con confianza que Jesús es su Señor?
   ☐ Sí   ☐ No

Si ya ha aceptado a Jesús como su Salvador, describa cuándo y cómo ocurrió.

Si nunca ha aceptado a Jesucristo como su Salvador, ¿no querría recibirlo por fe ahora mismo? La Biblia es clara cuando dice que si venimos al Señor, Él nos recibe. Tome un momento y considere las verdades que se han discutido aquí y lo que usted debería hacer en respuesta. Consulte toda pregunta que pueda tener con un pastor, un amigo o amiga cristianos o el líder de este estudio.

Cristo murió por nosotros, ¡aún siendo nosotros pecadores! No existe ningún sacrificio que llegue a compararse con el que hizo Jesús en la cruz del Calvario, ofrendando su vida para que nosotros viviéramos eternamente en el cielo con Él. Este acto abnegado de nuestro Salvador da una perspectiva diferente a la clase de sacrificio que Dios espera que hagamos en nuestro matrimonio, ¿no es así?

El sacrificio del "yo"

Probablemente nunca se nos pida que muramos físicamente por nuestro cónyuge, pero en cierto sentido deberíamos morir cada día a nuestra naturaleza egoísta. Cuando aceptamos a Jesús como nuestro Salvador y lo hacemos el Señor de nuestra vida, nos identificamos con Él: "En cuanto a su muerte, murió al pecado una vez y para siempre; en cuanto a su vida, vive para Dios. De la misma manera, también ustedes considérense muertos al pecado, pero vivos para Dios en Cristo Jesús" (Romanos 6:10-11). Cuando queremos satisfacer en forma egoísta nuestras propias necesidades y deseos en detrimento de nuestro cónyuge y nuestra relación, no estamos muertos al pecado como deberíamos estarlo.

9. ¿Cómo se relaciona Efesios 5:21 con morir a nuestra naturaleza egoísta?

10. ¿Cómo se puede aplicar de manera práctica al matrimonio cada uno de los siguientes mandamientos? (Tendrá oportunidad de aplicarlos al suyo al final de la sesión.)

Romanos 12:10

Romanos 12:15

Romanos 12:18

1 Corintios 10:24

Filipenses 2:3-4

Colosenses 3:12-14

Colosenses 3:17

11. ¿Cómo podría aplicarse Efesios 4:29, 31-32 al servicio de nuestro cónyuge?

12. ¿Cómo podría Mateo 25:34-40 aplicarse al amor sacrificial en un matrimonio?

Un matrimonio es satisfactorio hasta el punto en que el esposo y la esposa estén dispuestos a sacrificarse el uno por el otro cada día. Lo que hacemos a otros, se lo hacemos a Dios, ya sea que estemos sirviéndoles en amor o que los estemos denigrando.

13. Lea la oración de Pablo en Efesios 3:14-21. ¿Cómo se podría aplicar esta oración para servir al cónyuge de un modo sacrificial?

En *The Marriage Masterpiece* (La obra maestra del matrimonio), Al Janssen afirma: "El cónyuge egoísta insiste en ser servido. El humilde, se hace siervo".[1] Solamente por medio del poder del Espíritu Santo podrá usted servir a su cónyuge como Cristo sirve a su Esposa, la Iglesia.

En cada una de las siguientes situaciones, describa cómo un cónyuge podría responder con amor:

14. Mientras Luisa daba los toques finales a la sabrosa comida que había estado preparando toda la tarde, pidió a Alberto que llamara a los niños y se asegurara de que se lavaran las manos para cenar. Él le replicó, enojado: "¿Por qué tendría que hacerlo yo? Los niños son tu responsabilidad. Yo acabo de llegar, y estoy cansado después de haber trabajado duro todo el día. ¡Todo lo que tú tienes que hacer es mantener la casa y los niños en orden! ¡Vé tú y tráelos, y déjame leer el periódico en paz!"

15. Cuando Tomás se sentó y se apoderó del control remoto del televisor, estaba saboreando la oportunidad de ver a su equipo favorito jugar el partido final por el campeonato. Había trabajado horas extra y también había reorganizado sus horarios de trabajo para tener esa noche libre. Cuando encendió el aparato, se sorprendió de que sólo se viera la pantalla lluviosa. Mientras cambiaba los canales sin ningún cambio, preguntó a su esposa: "Linda, ¿qué sucede con el televisor?" Ella le respondió: "Lo siento, querido. Me olvidé de pagar la cuenta ¡y nos cortaron el servicio!"

16. Miranda había estado esperando durante toda la semana que llegara esta noche especial. Ella y Paco no siempre contaban con dinero para ir a cenar y al teatro. Habían recortado otros gastos y ahorrado para comprar los boletos para la obra de la que hablaba toda la ciudad. Miranda comenzó

a preocuparse porque se estaba haciendo tarde; si Paco no llegaba pronto a casa, tendrían que omitir la cena en el restaurante. Finalmente, Paco entró caminando pesadamente, y se veía agotado. "¿Qué te pasó?", le preguntó Miranda. "¿Por qué llegas tan tarde?" "A último momento mi jefe me encargó hacer urgentemente un trabajo enorme", respondió Paco. "No podré salir esta noche porque debo terminarlo antes de mañana por la mañana. No sólo eso, el auto se descompuso a casi una milla de aquí, ¡y tuve que venirme desde allí caminando!" Miranda comenzó a llorar cuando se dio cuenta de que su noche especial estaba arruinada.

En todo matrimonio siempre hay ocasiones en que uno de los cónyuges debe extender gracia al otro por alguna decepción o por mala conducta. En momentos como éste, es ventajoso recordar la gracia que Dios le extendió a usted: la salvación por medio de la espantosa muerte de Jesucristo en la cruz.

Cosechar el fruto

En lo más recóndito de nuestra alma, anhelamos ser los receptores del amor sacrificial de alguien que nos ame tan profundamente que esté dispuesto a arriesgarlo todo, hasta la vida, por nosotros. Irónicamente, ya todos hemos recibido este supremo don de amor, de Jesucristo.

La relación con nuestro cónyuge necesita tener ese mismo espíritu desinteresado que Jesús tiene hacia nosotros, esa disposición a morir a nuestros propios deseos egoístas. Necesitamos tener la mente de Cristo, que combata nuestra tendencia normal a exigir *nuestros* derechos.

17. Describa alguna situación en la que sabía que tenía que humillarse pero sentía ganas de orar así: "¡Dios, hoy no! ¿Por qué tengo que ser siempre yo?"

18. Nombre acciones específicas que puede realizar para expresar la verdad de los siguientes pasajes de las Escrituras:

Romanos 12:10

Romanos 12:15

Romanos 12:18

1 Corintios 10:24

Filipenses 2:3-4

Colosenses 3:12-14

Colosenses 3:17

A veces puede resultar difícil servir a su cónyuge. Esta semana, piense en alguna circunstancia en la que podría servir a su cónyuge de un modo sacrificial, pero no se lo comparta; en lugar de eso, lléveselo a Dios en oración reflexiva y pida su dirección para resolver la cuestión en su corazón.

Cuando surge una situación particular en la que encuentra difícil sacrificar sus deseos por los de su cónyuge, pídale al Señor que le ayude a esforzarse "por promover todo lo que conduzca a la paz y a la mutua edificación" (Romanos 14:19).

19. Mencione formas en las que su cónyuge le haya servido sacrificadamente.

¿Le ha dado alguna vez las gracias a su cónyuge por mostrarle un amor desinteresado? Dedique unos momentos a compartir su lista con él o ella; luego oren juntos, dando gracias a Dios por el regalo que le ha dado a cada uno en el otro, y también por el don de la vida eterna que les dio por medio del sacrificio de Jesucristo por sus pecados.

Nota
1. Al Janssen, *The Marriage Masterpiece* (La obra maestra del matrimonio) (Wheaton, IL: Tyndale House Publishers, 2001), pág. 150.

Cristo *es* *nuestro* modelo

Por tanto, imiten a Dios, como hijos muy amados, y lleven una vida de amor, así como
Cristo nos amó y se entregó por nosotros como ofrenda y sacrificio fragante para Dios.
Efesios 5:1-2

Este versículo clave nos dice que somos llamados a amar como Cristo. ¿No es
interesante que su sacrificio sea descrito como "fragante"? ¡Cómo puede ser
que una muerte tan terrible y cruel se describa como "una ofrenda fragante"!
A pesar de las horrendas escenas de su muerte, podemos gozarnos en su sacrificio porque sabemos que fue un regalo con la calidad de una ofrenda grata y
delicada.

¿Emana de tu matrimonio la fragancia de Cristo? Aunque Él nunca estu-
vo casado, podemos mirarlo como el modelo perfecto para someternos y
amar a nuestro cónyuge de un modo sacrificial.

La relación matrimonial es uno de los principales medios de Dios para mostrar al mundo su naturaleza divina. ¿Ha visto alguna vez a una pareja consagrada trabajar juntos con amor para mostrar a otros el amor de Dios? El mundo se da cuenta cuando un hombre y una mujer se aman realmente de la misma manera que Cristo ama a la Iglesia.

1. ¿Qué matrimonio le ha mostrado el amor de Cristo?

2. ¿Cuáles son las características de un matrimonio semejante a Cristo?

3. ¿Cómo podría su matrimonio reflejar el amor de Dios por toda la gente?

En cada situación difícil hay que tomar una decisión: podemos sucumbir a la emoción del momento, o podemos rendir nuestras emociones, pensamientos y acciones a Dios y así experimentar su gozo.

Plantar la semilla

A causa de la Caída, el plan original de Dios para el matrimonio se ha empañado y no puede ser comprendido en su totalidad; sin embargo, sólo necesitamos leer su Palabra para descubrir qué es lo que su corazón anhela para el matrimonio.

Compromiso

"Me comprometí e hice alianza contigo" (Ezequiel 16:8). Dios no sólo se reveló e a Israel; Él entró en un pacto ineludible con ella, un pacto tan obligatorio que Dios mismo consintió en pagar el precio -la muerte para quien lo quebrantara-, en caso de que la promesa fuera rota. Él cumplió su promesa enviando a Jesús a la tierra para morir por nuestros pecados; pero, ¡éramos nosotros los que merecíamos morir por quebrar el pacto!

4. Lea Mateo 6:19-21. ¿Cómo se aplica este versículo a su relación con Dios? ¿Cuáles son sus tesoros, lo más importante para usted?

5. ¿Recuerda sus votos matrimoniales? ¿Qué le prometió a su cónyuge en su boda?

Dios es idóneo para servirnos como modelo ejemplar del matrimonio porque Él nos lo demostró a través de su pacto matrimonial con Israel. Este compromiso de pacto es el verdadero fundamento de lo que Dios se propuso que fuera el matrimonio.

Consagración

"¿Acaso no hizo el SEÑOR un solo ser, que es cuerpo y espíritu? Y ¿por qué es uno solo? Porque busca descendencia dada por Dios. Así que cuídense ustedes en su propio espíritu, y no traicionen a la esposa de su juventud" (Malaquías 2:15). El propósito de Dios para el matrimonio, que es el vínculo entre un hombre y una mujer, y sus hijos piadosos, se frustra cuando traicionamos el pacto matrimonial. Así como Dios promete una consagración incondicional a su pueblo, nosotros debemos reflejar la misma consagración incondicional a nuestro compañero de matrimonio.

6. ¿Cómo muestra Mateo 19:4-6 el plan de Dios para el matrimonio?

Si el esposo o la esposa aun considera el divorcio como una opción para resolver cuestiones maritales, ¿cómo daña esto la relación entre la pareja?

7. El Salmo 85:10 es un bello retrato de la relación que Dios desea tener con su pueblo. ¿De qué formas podrían las cuatro cualidades siguientes mostrarse en acciones que mejoren el matrimonio?

Amor

Fidelidad

Justicia

Paz

El propósito de Dios para el matrimonio es "que nunca te abandonen el amor y la verdad" (Proverbios 3:3). Finalmente, son sus actitudes y acciones las que revelarán si es realmente amoroso y fiel y si su cónyuge realmente confía y está seguro de que su amor es un compromiso para toda la vida.

Perdón

"De modo que se toleren unos a otros y se perdonen si alguno tiene queja contra otro. Así como el Señor los perdonó, perdonen también ustedes (Colosenses 3:13). Dios sabe cuán difícil nos resulta perdonar a otro, especialmente cuando un ser amado te ha ofendido. Sin embargo, Dios no pide de ti más de lo que Él mismo demuestra continuamente al perdonarle sus pecados. Hemos sido llamados a perdonar a los que nos lastiman porque hemos recibido su perdón una y otra vez.

8. De acuerdo con Efesios 4:32, ¿por qué debemos perdonar?

¿Cuánto le ha perdonado Dios en Cristo Jesús?

9. Lea Mateo 6:14, Marcos 11:25 y Lucas 6:37. ¿Por qué razón enfatizó Jesús en la importancia del perdón en nuestras relaciones?

Un espíritu perdonador muestra que usted ha recibido el amor y el perdón de Dios y que también reconoce el sacrificio por sus pecados por medio de Jesucristo. Cuando medita en ello, el total de veces que ha tenido que extender perdón en toda su vida jamás podrá igualar a un solo momento de la agonía que Cristo padeció en la cruz por *usted*.

10. Lea Malaquías 2:13-16. ¿Contra qué potenciales peligros Dios nos advierte severamente en este pasaje?

11. ¿Por qué cree usted que Dios odia el divorcio? (vea Malaquías 2:16; Mateo 19:8; 1 Corintios 7:10-12).

Significado

Dios jamás renunció a su relación matrimonial con su pueblo. De hecho, pagó el precio más alto, sacrificando a su Hijo Jesucristo para pagar el precio del pacto quebrantado. ¿Por qué murió Jesús por nosotros? No lo hizo para su felicidad personal; sufrió agonía antes y durante su crucifixión, soportando el sufrimiento por amor a nosotros, para darnos una esperanza de felicidad futura. "Fijemos la mirada en Jesús, el iniciador y perfeccionador de nuestra fe, quien *por el gozo* que le esperaba, soportó la cruz, menospreciando la vergüenza que ella significaba, y ahora está sentado a la derecha del trono de Dios" (Hebreos 12:2, énfasis agregado).

La felicidad personal puede ser una consecuencia del matrimonio, pero no es el único propósito del mismo. El verdadero significado del matrimonio no se encuentra al buscar la felicidad o la satisfacción propia, sino que se encuentra al practicar el autosacrificio. "Éste es el desafío del matrimonio: sacrificar mi momentánea definición de felicidad por el bien a largo plazo de mi cónyuge, y así reflejar el corazón de Dios y ganarme su alabanza: 'Bien, buen siervo y fiel.'"[1]

12. ¿Qué diferencia hay entre felicidad y gozo?

13. De acuerdo con Santiago 1:2-4, ¿por qué debemos estar gozosos en los tiempos difíciles?

En Santiago 1:12, ¿qué bendición les aguarda a aquellos que perseveran en medio de la prueba?

14. ¿De qué manera los tiempos adversos pueden darle propósito y significado a una relación matrimonial?

¡Dios quiere que tengamos éxito en nuestro matrimonio! Con su ayuda podemos guardar el pacto matrimonial y hacerlo con gran gozo. Y también desea que estemos en permanente sintonía con nuestro cónyuge, para descubrir aquello que nos esté manteniendo cautivos–ya se trate de falta de compromiso, de devoción, de perdón o de significado–, para hacernos completamente libres.

Regar la esperanza

Consideremos la siguiente historia real de David y Vivian:

David y Vivian se conocieron en la iglesia en los años '30, y su noviazgo se desarrolló en el ambiente de la vida de la iglesia. Se casaron al comienzo de la Segunda Guerra Mundial. En la década de los '60, Vivian comenzó a tener problemas de ansiedad y falta de memoria. A principios de los '70, le diagnosticaron la enfermedad de Alzheimer.

A partir de allí fue deteriorándose lentamente, pero David continuó cuidándola. Al ver que su condición empeoraba más y más, sus amigos insistían en que la llevara a un hogar para el cuidado de ancianos, pero él se rehusó. Entonces decidió contratar a una persona para que la cuidara durante las horas que trabajaba, pero luego él mismo se encargaba de cuidarla durante la noche. El amor que David sentía por Vivian probablemente fue lo que la mantuvo con vida durante los casi 15 años que padeció la enfermedad. Finalmente, David murió antes que ella de un tumor en el cerebro, pero Vivian se reunió en el cielo con él 43 horas más tarde. Sus hijos observaron que su padre fue todo un caballero durante la enfermedad de su esposa.

El mayor legado que les dejó a sus hijos y a su comunidad fue su ejemplo de amor sacrificado durante los últimos 15 años de su matrimonio con Vivian. Sus acciones mostraron el poder del amor y del compromiso.[2]

15. ¿Qué es lo que más te da aliento en la historia de David y Vivian?

16. ¿Cuál fue el fruto de la devoción de David hacia su esposa?

17. ¿Conoce alguna pareja como David y Vivian? ¿Cómo podría usted ser una ayuda para esa pareja?

El amor sacrificial puede ser demostrado en una amplia variedad de formas: desde un sutil cambio de actitud hasta el cuidado diario de un cónyuge con una enfermedad terminal. Cualquiera que sea la forma de expresarlo, el amor sacrificado que le demuestre a su cónyuge (y a otros) dará su fruto para el Reino de Dios.

"Cuídense ustedes en su propio espíritu, y no traicionen" (Malaquías 2:15-16). Es así como podemos permanecer comprometidos a seguir el ejemplo de Cristo. Debemos tener hacia el matrimonio el mismo compromiso que el Señor tuvo hacia su pueblo. El compromiso es la puerta, y Cristo es la llave que desata la posibilidad de que usted experimente un matrimonio realmente satisfactorio y comprometido.

18. ¿Cómo se relaciona Colosenses 3:1-2 con Jesús como el modelo de un amor sacrificial?

19. ¿Qué pasos va a dar *hoy* para asegurarse de que, con el amor de Jesús, usted abre la puerta hacia un matrimonio satisfactorio?

En el agua se refleja el rostro, y en el corazón se refleja la persona.
Proverbios 27:19

El mayor objetivo de su matrimonio debería ser reflejar la imagen de Cristo. Fije una cita con su cónyuge para discutir una o dos áreas en las que no estén completamente de acuerdo sobre algún asunto. Planeen este momento juntos, esbozando las cuestiones sobre las que desean conversar y haciendo un pacto de que ese tiempo no será para pelearse por tener puntos de vista diferentes; en lugar de eso, será un momento para tratar de entender o solucionar la situación. Si nota que está comenzando a pelear, haga prevalecer en usted la sabiduría de Salomón: "La soberbia del hombre le abate; pero al humilde de espíritu sustenta la honra" (Proverbios 29:23, RV 1960).

Notas:

1. Al Janssen, *The Marriage Masterpiece* (La obra maestra del matrimonio) (Wheaton, IL: Tyndale House Publishers, 2001), pág. 156.
2. Ibídem., págs. 129-131.

Guía de discusión
para el líder

Pautas generales

1. En lo posible, el grupo debería ser liderado por una pareja casada. Esto no significa que ambos esposos deban conducir las discusiones grupales; quizá uno es más apto para fomentar el debate mientras que el otro se desempeña mejor en la organización o ayudando a formar y consolidar relaciones; pero el matrimonio líder debería compartir responsabilidades en todo lo que sea posible.

2. En la primera reunión, asegúrense de exponer claramente las reglas fundamentales para los debates grupales, recalcando que el seguir dichas reglas contribuirá a que todos se sientan cómodos durante los tiempos de discusión.

    a. Ningún participante puede compartir detalles de índole personal o que puedan avergonzar a su cónyuge, sin haberle pedido previamente su autorización.

    b. Sea cual fuere el tema discutido en las reuniones grupales, tiene carácter confidencial, y debe ser mantenido en la más absoluta reserva, sin trascender más allá de los miembros del grupo.

    c. Dé lugar a que participen todos los miembros del grupo. Sin embargo, como líder, no fuerce a ninguno a contestar alguna pregunta si no se muestra dispuesto a hacerlo. Sea sensible a los diferentes tipos de personalidad y estilos de comunicación de los integrantes del grupo.

3. El tiempo de comunión es muy importante para consolidar relaciones en un grupo pequeño. El suministrar bebidas y/o un refrigerio, ya sea antes o después de cada sesión, fomentará un tiempo de comunión informal con los demás miembros.

4. La mayoría de la gente tiene vidas muy ocupadas; respeten el tiempo de los integrantes de su grupo comenzando y terminando puntualmente las reuniones.

La Guía para el ministerio de matrimonios de Enfoque a la Familia *tiene aún más información sobre cómo iniciar y liderar un grupo pequeño, y es un recurso de inapreciable valor para guiar a otros a través de este estudio.*

Cómo usar este material

1. Cada sesión cuenta con material más que suficiente para cubrir un período de enseñanza de 45 minutos. Probablemente el tiempo no alcance para discutir cada una de las preguntas en la sesión, así que prepárense para cada reunión seleccionando previamente las que consideran como las más importantes para tratar en grupo; debatan otras preguntas si el tiempo lo permite. Asegúrense de reservar los últimos 10 minutos de la reunión para que cada pareja interactúe individualmente y para orar juntos antes de despedirse.

   Plan opcional de ocho sesiones: Si desean llegar a cubrir todo el material presentado en cada sesión, pueden dividirla fácilmente en dos partes. Cada sección de la sesión consta de suficientes preguntas como para dividirla por la mitad, y las secciones de estudio bíblico (Plantar la semilla) están divididas en dos o tres secciones que pueden utilizarse para enseñar en sesiones separadas. (En la guía del líder grupal encontrarán más ayuda sobre cómo hacerlo.)

2. Cada cónyuge debería tener su propia copia del libro para contestar las preguntas personalmente. El plan general de este estudio es que las parejas completen las preguntas en sus casas y luego traigan sus libros a la reunión para compartir lo que hayan aprendido durante la semana.

   Sin embargo, la experiencia de liderar grupos pequeños hoy en día demuestra que a algunos miembros les resultará complicado realizar las tareas. Si este es el caso de su grupo, consideren la posibilidad de adaptar las lecciones para que los miembros completen el estudio durante el tiempo de reunión a medida que los guía en la lección. Si utilizan este método, asegúrense de animar a los integrantes a compartir sus respuestas individuales con sus cónyuges durante la semana (tal vez alguna noche que destinen específicamente para ello).

Sesión una | Los héroes toman las decisiones correctas

> **Nota para los líderes**: *Este estudio bíblico está basado en* The Marriage Masterpiece *(1), de Al Janssen. Le recomendamos que lea los capítulos 14 y 15 como preparación para conducir este estudio.*

Antes de la reunión

1. Reúna materiales para hacer tarjetas de identificación. También consiga Biblias, lápices o bolígrafos extra y fichas de 3x5 pulgadas.

2. Haga fotocopias del formulario para pedidos de oración (vea la *Guía para el ministerio de matrimonios de Enfoque a la Familia,* en la sección de Formularios fotocopiables) o consiga fichas de 3x5 pulgadas para registrar los pedidos.

3. Lea sus propias respuestas a las preguntas, marcando las que desea que se debatan en el grupo. También resalte los versículos clave que crea apropiados para compartir durante el estudio.

4. Prepare papelitos con las citas bíblicas de los versículos que usted querrá que sean leídos en voz alta durante las sesiones. Si lo desea, puede distribuirlos a medida que llegan los integrantes, pero sea sensible a los que se sientan incómodos al leer en voz alta o que no estén familiarizados con la Biblia.

5. Reúna los elementos necesarios para cualquiera de los dos juegos de la sección Rompehielos (vea más abajo).

Rompehielos

1. Si ésta es la primera vez que este grupo de parejas se reúne, haga que todos se presenten y que cuenten brevemente cómo se conocieron y el tiempo que llevan casados y un hecho interesante sobre su cónyuge. Asegúrese de recordarles que no revelen detalles relativos a sus cónyuges que ellos mismos se sentirían incómodos al compartir.

2. Escriba el nombre de héroes o heroínas reales o imaginarios en diferentes papelitos (por ej., Superman, El Súper Ratón, La Mujer Maravilla, un oficial de policía o personal de rescate, etc.). El juego puede desarrollarse en una de dos formas:

a. **Opción 1:** Juegue al *Pictionary* o algún otro juego de palabras. Necesitará una pizarra blanca o una hoja de papel grande y los elementos apropiados para escribir. Haga que los miembros del grupo formen dos equipos. La primera persona dibuja figuras para que su propio equipo adivine el nombre del héroe en cuestión. Estipule un tiempo de 30 segundos por miembro para dibujar.

b. **Opción 2:** Necesitará cinta adhesiva para pegar el papel en la espalda de los integrantes a medida que llegan. Otórgueles más o menos cinco minutos para caminar por la habitación, haciendo preguntas que tengan como respuesta sí o no a los demás compañeros, y así tratar de descubrir el nombre del personaje que lleva en su espalda.

3. Comience con oración.

Discusión

1. **Labrar la tierra**: Esta sección es para que el grupo se familiarice con el tema en cuestión. Por lo general, las preguntas serán de tono más sencillo.

2. **Plantar la semilla**: Esta sección está dedicada al estudio de la Biblia y tiene como propósito dar los conceptos bíblicos para la sesión. Para hacerlo un poco más divertido, pida que cuatro voluntarios representen la historia de Génesis 3 a medida que usted la lee en voz alta. Los personajes son: Adán, Eva, la serpiente y el árbol. Asegúrese de leer despacio para que puedan actuar lo que lee. Después de aplaudir a los voluntarios por sus grandes dotes actorales, discutan las preguntas 4-14.

3. **Regar la esperanza**: El estudio del ejemplo y las preguntas de esta sección ayudarán a los miembros a llevar el estudio bíblico a la realidad de sus propias expectativas versus el plan de Dios. No descuide esta parte del estudio, puesto que traslada la lección completa al aquí y ahora, aplicando la Palabra de Dios a la vida diaria.

   Haga que todo el grupo discuta las preguntas 15 a 18.

4. **Cosechar el fruto**: Esta sección tiene como propósito ayudar a cada pareja a aplicar la lección a su propio matrimonio y puede abordarse de diferentes maneras:

   a. Prevea un tiempo al final de la reunión para que cada pareja hable a solas. Esto requerirá lugar para estar aislados, con suficiente espacio entre una y otra pareja para permitir que tengan una conversación tranquila y privada.

Si las parejas ya han contestado las preguntas individualmente, éste sería el momento oportuno para compartir sus respuestas. Asigne un límite de tiempo, subrayando que pueden continuar el debate en casa, si no alcanzan a contestarlas todas allí.

Si las parejas no han contestado las preguntas antes de la reunión, haga que las respondan juntos ahora. Esto resulta mejor cuando no hay límite de tiempo para que las parejas se queden hasta terminar su debate, lo cual requerirá que los líderes se queden hasta que termine la última pareja.

b. Instruya a las parejas para que completen esta sección en casa durante la semana después de la reunión. Esto les permitirá disponer de un tiempo tranquilo y en privado para tratar las cuestiones que puedan surgir y disponer del tiempo necesario para concluir su debate. Usted continuará en la reunión siguiente, haciendo saber a cada pareja que será responsable de haber completado esta parte de la lección.

c. En ocasiones puede ser ventajoso reunir a dos parejas para discutir las preguntas. Esto puede ayudar a consolidar el sentido de responsabilidad ante los demás.

5. **Concluyan con oración**: una parte importante de toda relación de grupo pequeño es el tiempo dedicado a orar unos por otros. Esto también puede llevarse a cabo en distintas formas:

a. Solicite a las parejas que escriban sus pedidos de oración específicos en el **Formulario para pedidos de oración** (o en las fichas). Estos pedidos pueden compartirse con todo el grupo o ser intercambiados con los de otras parejas como compañeros de oración durante la semana. Si deciden compartir los pedidos, oren como grupo antes de finalizar la reunión; si los intercambian, dé un tiempo a los compañeros de oración para que oren juntos.

b. Reúna al grupo y dirija a las parejas en una oración guiada.

c. Pida que cada pareja ore junta.

d. Divida al grupo en hombres y mujeres. Indique a los hombres que oren por sus matrimonios, pidiéndole a Dios que revele cualquier conflicto que necesite ser atendido. Pida que las mujeres oren por la capacidad para resolver conflictos que ellas y sus esposos necesitan para solucionarlos.

Después de la reunión

1. **Evalúe**: Dedique tiempo a evaluar la efectividad de las reuniones (vea la *Guía para el ministerio de matrimonios Enfoque a la Familia,* buscar la *Hoja de evaluación* en la sección de "Formularios fotocopiables").

2. **Aliente**: Durante la semana, trate de ponerse en contacto con cada pareja (por medio de llamadas telefónicas, notas breves, o mensajes instantáneos o por correo electrónico) y déle la bienvenida al grupo. Póngase a su disposición para responder cualquier pregunta que puedan tener y trate de conocerlos en general. Sería bueno que el esposo-líder se comunique con los hombres y la esposa-líder con las mujeres.

3. **Equípese**: Complete el estudio bíblico, aunque ya lo haya realizado antes.

4. **Ore**: Prepárese en oración para la próxima reunión, orando por cada pareja y por su propia preparación como líder. Preséntele al Señor todo temor, entusiasmo o toda otra cosa que venga a su mente respecto del material de estudio bíblico y los integrantes del grupo. Si no se siente apto o preparado, pida fortaleza y perspicacia. Si se siente cansado y cargado, pida a Dios que aligere su carga. Cualquiera que sea su necesidad, pídale a Dios. ¡Él proveerá!

Recuerde: *En su deseo de ayudar a los miembros de su grupo, no descuiden su propio matrimonio. Comparta tiempo de calidad con su cónyuge durante la semana.*

Sesión dos | El misterio de la sumisión

Antes de la reunión

1. Consiga algunas Biblias, lápices o bolígrafos y materiales para hacer tarjetas de identificación.

2. Haga fotocopias del **Formulario para pedidos de oración** o junte fichas de 3x5 pulgadas para registrar los pedidos.

3. Lea sus propias respuestas a las preguntas, marcando las que desea que se debatan en el grupo. También resalte los versículos clave que crea apropiados para compartir durante el estudio.

4. Prepare papelitos con las citas bíblicas de los versículos que usted querrá que sean leídos en voz alta durante las sesiones. Si lo desea, puede distribuirlos a medida que llegan los integrantes, pero sea sensible a los que se sientan incómodos al leer en voz alta o que no estén familiarizados con la Biblia.

Rompehielos

1. Distribuya los **Formulario para pedidos de oración** (o las fichas) y solicite a los miembros que, al menos, escriban su nombre, aunque no tengan un pedido específico. De esta manera, otra pareja puede orar por ellos durante la semana siguiente. (Después de todo, el hecho de no tener una petición específica, ¡no significa que no necesitemos oración!)

2. Invite a las parejas a compartir cómo aplicaron lo que aprendieron en la última sesión a su matrimonio.

3. Invite a los miembros a compartir un motivo de alabanza o una cosa buena que haya sucedido la semana pasada. Invite a algunos voluntarios a compartir lo que escribieron. Esta es una buena oportunidad para que aquellos que no siempre ven el lado bueno de las cosas aprendan a expresar gratitud y acción de gracias a Dios, no importa cuáles sean las circunstancias.

4. Comience con oración.

Discusión

1. **Labrar la tierra**: Pida voluntarios que compartan sus respuestas a las preguntas 1 y 2. Invite a otros a compartir sus respuestas a la pregunta 3.

2. **Plantar la semilla**: Haga que el grupo se divida en hombres y mujeres para discutir las preguntas 4-21. Invítelos a reunirse con un compañero del mismo sexo responsable para llamarse y animarse mutuamente.

3. **Regar la esperanza**: Reúna al grupo completo para discutir juntos las preguntas 22-24.

4. **Cosechar el fruto**: Invite a los miembros del grupo a reunirse con sus cónyuges para compartir sus afirmaciones con algún otro.

5. **Concluyan con oración**: Distribuya los **Formularios para pedidos de oración** (o las fichas) y dé tiempo para que las parejas oren por aquellos que lo hayan pedido.

Después de la reunión

1. **Evalúe**: Dedique tiempo a evaluar la efectividad de las reuniones.

2. **Aliente**: Durante la semana, trate de tener contacto con cada pareja, para animarla a comunicarse con sus compañeros de oración.

3. **Equípese**: Complete el estudio bíblico correspondiente a la semana próxima.

4. **Ore**: Prepárese en oración para la próxima reunión, orando por cada pareja y por su propia preparación.

Sesión tres | La misión del autosacrificio

Antes de la reunión

1. Consiga algunas Biblias, lápices o bolígrafos.
2. Haga fotocopias del **Formulario para pedidos de oración** o consiga fichas de 3x5 pulgadas para registrar los pedidos.
3. Lea sus propias respuestas a las preguntas, marcando las que desea que se debatan en el grupo. También resalte los versículos clave que crea apropiados para compartir durante el estudio.
4. Prepare papelitos con las citas bíblicas de los versículos que usted querrá que sean leídos en voz alta durante las sesiones. Si lo desea, puede distribuirlos a medida que llegan los integrantes, pero sea sensible a los que se sientan incómodos al leer en voz alta o que no estén familiarizados con la Biblia.
5. Consiga una pizarra (blanca o de otro tipo), y los elementos para escribir apropiados.

Rompehielos

1. Distribuya los formularios (o las fichas) de oración a medida que llegan los miembros del grupo.
2. Pida que la persona con quien usted tuvo contacto comparta el testimonio de cómo llegó a conocer a Jesús como Salvador, o cuente usted el suyo.

Discusión

1. **Labrar la tierra**: Anime a los miembros a compartir sus respuestas a las preguntas 1 y 2, e invite a un voluntario a leer su respuesta a la pregunta 3.
2. **Plantar la semilla**: Discutan las preguntas 4-13 entre todo el grupo.

3. **Regar la esperanza**: Haga que dos parejas se reúnan para discutir las preguntas 4-6. Luego pida que cada uno de esos pequeños grupos comparta su respuesta por lo menos a uno de los tres incidentes.

4. **Cosechar el fruto**: Dé tiempo para que cada pareja individual comparta sus respuestas mutuamente.

5. **Concluyan con oración**: Pida que cada pareja vuelva a reunirse con la otra con la cual compartieron la sección **Regar la esperanza**. Haga que intercambien sus formularios de pedidos de oración (o sus fichas), y dediquen unos minutos a orar todos juntos. Anime a cada pareja a llamar a su pareja compañera de oración para compartir testimonios, respuestas o más peticiones.

> *Nota: Esté atento a los miembros del grupo que no conozcan a Cristo como su Salvador y Señor. Esté a disposición al finalizar la reunión para contestar cualquier pregunta que dichas personas puedan tener en cuanto a su relación con Dios. Esté alerta a la guía del Espíritu Santo para preguntar si hay alguien que desearía hacer un compromiso con el Señor o rededicarle su vida en ese momento.*

Después de la reunión

1. **Evalúe.**

2. **Aliente.** Durante la semana, llame a cada pareja y pregúntele si se ha comunicado con sus compañeros de oración. Anímelos a medida que continúan avanzando en este estudio. Si alguna persona aceptó a Cristo durante las reuniones, realice el seguimiento fijando un día y una hora para encontrarse con él o ella. Precaución: es mejor que usted y su cónyuge estén juntos en tal oportunidad. Otra opción es reunirse en forma individual con la persona de su mismo sexo.

3. **Equípese**. Complete el estudio bíblico.

4. **Ore**. Prepárese en oración para la próxima reunión, orando por cada pareja y por su propia preparación. Cualquiera que sea su necesidad, pídasela a Dios. ¡Él responderá!

Antes de la reunión

1. Provéase de lápices o bolígrafos y Biblias, según hagan falta.
2. Haga fotocopias del **Formulario para pedidos de oración** o consiga fichas de 3x5 pulgadas para registrar los pedidos.
3. Haga fotocopias del Formulario de evaluación (vea la *Guía para el ministerio de matrimonios de Enfoque a la Familia,* en la sección de Formularios Fotocopiables).
4. Lea sus propias respuestas a las preguntas, marcando las que desea que se debatan en el grupo. También resalte los versículos clave que crea apropiados para compartir durante el estudio.
5. Prepare papelitos con las citas bíblicas de los versículos que usted querrá que sean leídos en voz alta durante las sesiones. Si lo desea, puede distribuirlos a medida que llegan los integrantes, pero sea sensible a los que se sientan incómodos al leer en voz alta o que no estén familiarizados con la Biblia.

Rompehielos

1. Distribuya los formularios de oración (o las fichas) a medida que llegan los miembros del grupo.
2. Invite a los miembros a compartir algún testimonio o respuesta a sus pedidos de oración que se registraron en la sesión anterior.
3. Forme dos grupos para que definan "gozo" y "felicidad." Después de dos minutos, pídales que compartan sus definiciones con todo el grupo.

Discusión

1. **Labrar la tierra**: Discutan las pregunta 1-3 con todo el grupo.
2. **Plantar la semilla**: Haga que dos parejas se reúnan para discutir las preguntas 4-14 (en lo posible, que se reúnan con sus compañeros de oración de la semana pasada).

3. **Regar la esperanza**: Reúna nuevamente al grupo completo para discutir la historia de David y Viviana; luego pida que el grupo aporte ideas acerca de la forma de ayudar a parejas que se encuentran en situaciones similares.

4. **Cosechar el fruto**: Pida que cada uno se reúna con su cónyuge para compartir privadamente sus respuestas a las preguntas 18 y 19.

5. **Concluyan con oración**: Reúna al grupo e invítelos a compartir breves oraciones que expresen alabanza y acción de gracias. Para la despedida, lea Efesios 5:1-2: "Por tanto, imiten a Dios, como hijos muy amados, y lleven una vida de amor, así como Cristo nos amó y se entregó por nosotros como ofrenda y sacrificio fragante para Dios".

Después de la reunión

1. **Evalúe**. Distribuya los *Formularios de evaluación* para que cada integrante se lo lleve a su casa. Comparta la importancia de la retroalimentación, y solicite a los participantes que esta semana dediquen tiempo a escribir su informe de evaluación de las reuniones grupales, y que se lo entreguen a usted.

2. **Aliente.** Llame a cada pareja durante la semana, e invítela a asistir al próximo estudio de la *Serie sobre el matrimonio de Enfoque a la Familia*.

3. **Equípese:** Comience a prepararse y a planear nuevas actividades para el próximo estudio bíblico.

4. **Ore:** Alabe a Dios por la obra que ha hecho en las vidas de las parejas del grupo. Continúe orando por cada una de ellas durante algunas semanas, mientras se ejercitan en aplicar las lecciones aprendidas a sus propias vidas.

Nota:
1. Al Janssen, *The Marriage Masterpiece* [La obra maestra del matrimonio] (Wheaton, IL: Tyndale House Publishers, 2001).

ENFOQUE A LA FAMILIA®

¡Bienvenido a la Familia!

Oramos con esperanza para que al participar de esta *Serie sobre el matrimonio de Enfoque a la Familia,* Dios le conceda un entendimiento más profundo del plan que Él tiene para su matrimonio y que fortalezca su relación de pareja.

Esta serie es uno de los muchos recursos útiles, esclarecedores y alentadores que produce Enfoque a la Familia. De hecho, de eso se ocupa Enfoque a la Familia: de informar, inspirar y aconsejar con fundamento bíblico a personas que se hallan en cualquiera de las etapas de la vida.

Todo comenzó en 1977 con la visión de un hombre, el Dr. James Dobson, un psicólogo y autor de 18 éxitos de librería acerca del matrimonio, la crianza de los hijos y la familia. Alarmado por las presiones sociales, políticas y económicas que ponían en peligro la existencia de la familia americana, el Dr. Dobson fundó Enfoque a la Familia con sólo un empleado y un programa radial semanal que transmitían solamente 36 radioemisoras.

Ahora es una organización internacional dedicada a preservar los valores judeo-cristianos y a fortalecer y alentar a las familias por medio del mensaje transformador de Jesucristo. Los ministerios de Enfoque a la Familia llegan a familias de todo el mundo a través de 10 diferentes programas de radio, 2 programas de televisión, 13 publicaciones, 18 sitios web, y una serie de libros, películas y videos premiados que están dirigidos a personas de todas las edades e intereses.

¡Nos gustaría recibir noticias suyas!

Para recibir más información sobre el ministerio, o si podemos ser de ayuda para su familia, simplemente escriba a Enfoque a la Familia, Colorado Springs, CO 80995 o llame al 1-800-A-FAMILY (1-800-232-6459). Los amigos en Canadá pueden escribir a Enfoque a la Familia, P.O. Box 9800, Stn. Terminal, Vancouver. B.C. V6B-4G3 o llamar al 1-800-661-9800. Visite nuestra página web —www.family.org— para aprender más acerca de Enfoque a la Familia o para ver si hay una oficina asociada en su país.